Leyla Yawari · Petra Lefin

Weihnachten gehört allen!

AF178414

Leyla Yawari

Weihnachten gehört allen!

Mit Bildern von Petra Lefin

Hase und Igel®

Für Jonas Saeed und alle Kinder,
die in zwei Welten lieben.

Für Lehrkräfte gibt es zu diesem Buch
ausführliches Begleitmaterial beim Hase und Igel Verlag.

© 2020 Hase und Igel Verlag GmbH, München
www.hase-und-igel.de
Lektorat: Patrik Eis, Mareike Pfister
Satz: Appel Grafik München GmbH
Druck: Grafisches Centrum Cuno GmbH & Co. KG

ISBN 978-3-86316-132-3
2. Auflage 2021

1. Wer darf die Maria spielen?

Endlich ist er da, der Winter. Der erste Schnee hat sich wie eine Schicht Zuckerwatte auf den Pausenhof gelegt und schon sieht alles ein bisschen verzaubert aus.

Kurz nach dem Gong rennen die Kinder voller Freude aus der Schule, um mit dem weißen Pulver zu spielen. Sie bewerfen sich gegenseitig, lachen und freuen sich. So lange haben alle auf Schnee gewartet und über Schnee gesprochen. Nachts haben sie davon geträumt und morgens nachgeschaut, ob der Traum in Erfüllung gegangen ist.

Auch Mara freut sich. Sie legt ihren Kopf in den Nacken, reißt den Mund auf und versucht, die zarten Schneeflocken mit der Zunge aufzufangen. „Mmh, das schmeckt lecker. Ein bisschen wie Zuckerwatte!", ruft sie und hüpft hin und her. „Shirin! Jonas! Das müsst ihr auch mal probieren!"

Jonas lässt sich das nicht zweimal sagen und macht sofort mit.

Doch mit Shirin stimmt etwas nicht. Sonst ist sie für jeden Quatsch zu haben und konnte es eigentlich auch kaum abwarten, endlich mit Jonas und Mara im Schnee zu toben. Aber die letzte Schulstunde hat ihr gehörig die Stimmung verdorben.

„Daran ist nur der blöde Hannes schuld",
murmelt sie vor sich hin.

Mara hört auf zu hüpfen und fragt: „Woran ist
Hannes schuld?"

„Ach, an gar nichts!", bockt Shirin. Sie würde
schon gern erzählen, was passiert ist, aber sie ist
einfach noch viel zu wütend.

Mara wendet sich an ihren Bruder, der in der gleichen Klasse ist wie Shirin: „Was war denn los, Jonas? Woran ist Hannes schuld?"

Jonas und Shirin gehen beide in die vierte Klasse, Mara ist erst vor ein paar Monaten eingeschult worden. Die Kinder kennen sich schon lange, wohnen im selben Hochhaus und werden oft alle drei für Geschwister gehalten. Ihre Mamas sind Freundinnen.

Jonas schaut kurz fragend zu Shirin und Shirin nickt ihm dankbar zu. Sie ist froh, dass sie nicht selbst erzählen muss, was passiert ist.

Die Klasse von Shirin und Jonas darf dieses Jahr auf der Weihnachtsfeier der Grundschule das Krippenspiel aufführen. Also die Geschichte, wie Jesus geboren wurde. Viele Kinder haben sich mächtig ins Zeug gelegt und verschiedene Rollen geübt, um eine Hauptrolle zu ergattern. Neben Maria und Josef spielen die Hirten, die Engel, die drei Könige aus dem Morgenland und die Tiere aus dem Stall mit. Und die Kinder, die keine dieser Rollen bekommen, dürfen den Chor bilden, der am Ende des Krippenspiels ein Weihnachtslied

singt. Heute war der große Tag der Entscheidung:
Die Rollen wurden verteilt!

Den Josef wollte niemand außer Jonas spielen.
Maras Bruder hatte seine Lieblingsrolle also
schnell in der Tasche.

Bei der Rolle der Maria sah das allerdings
ganz anders aus: Fast alle Mädchen wollten die
Maria sein. Nacheinander
traten sie in die selbst
gebaute Krippe
und zeigten,
wie sie
das

machen würden. Dann wurde abgestimmt – und
damit fing alles an …

Jonas will Mara gerade von dieser Abstimmung
berichten, als Frau Fernau, Shirins Mama, mit
ihrem Rad um die Ecke kommt. „Hallo, ihr großen
Mäuse!", begrüßt sie die Kinder und nimmt ihrer
Tochter den Schulranzen ab.

Jonas und Shirin schließen ihre Fahrräder auf,
Mara holt ihren Roller.

„Na, wie ist die Abstimmung gelaufen?", fragt
Shirins Mutter, während sich die Kinder die Fahr-
radhelme aufsetzen.

„Daneben ist sie gelaufen, voll daneben!", platzt
es aus Shirin heraus. „Alle haben vorgespielt
für die Rolle der Maria, und Lisa,
Anna und ich haben am meisten
Applaus bekommen. Aber
dann hat sich der Hannes
gemeldet und angefangen,
so einen Mist zu reden …
Am liebsten hätte ich …" Shirin
gibt ihrem Fahrrad einen Tritt.
Sie ist immer noch so sauer,

dass in ihrem Kopf alles durch-
einandergeht.

„Er hat gesagt, Shirin passe
nicht so gut, weil sie und ihr
Papa ja Muslime seien", kommt
Jonas seiner Freundin zu Hilfe.

Shirins Augen füllen sich mit
Tränen. Sie drückt sich an ihre
Mama und lässt sich trösten.

„Aber was hat denn das mit der
Aufführung zu tun?", fragt Mara kopfschüttelnd.

„Das versteh ich auch nicht", bestätigt Frau
Fernau.

„Genau das hab ich in der Klasse auch gesagt." Jonas holt Luft und erzählt weiter: „Das
war gemein, weil Shirin das richtig gut gemacht
hat als Maria. Ich wollte so gern mit Shirin zusammen spielen … Nach der Schule hätten wir
so gut zu Hause üben können!"

Shirin hat sich wieder ein bisschen beruhigt.
„Ja, das wollte ich auch – hicks." Vor lauter Auf-
regung hat sie Schluckauf.

„Also, das hört sich wirklich nicht schön an.
Wie ging es weiter, Jonas?", will Frau Fernau

wissen, während sie langsam den Schulhof verlassen und dabei ihre Räder und den Roller schieben.

„Alle haben durcheinandergeschrien und Hannes meinte: ‚Weihnachten ist ja ein Fest der Christen und nicht der Muslime. Muslime glauben doch eh nicht an Jesus.' Shirin hat irgendwann gesagt, dass sie die Maria gar nicht mehr spielen will und dass sie eigentlich überhaupt nicht mehr mitspielen will."

Schon wieder schießen Shirin Tränen in die Augen. Die festlich geschmückten Läden, an denen sie jetzt vorbeikommen, nimmt sie nur verschwommen wahr. Und der blöde Schluckauf will auch nicht verschwinden.

„Das ist echt ein starkes Stück", ärgert sich jetzt auch ihre Mama.

„Ich versteh gar nichts mehr." Mara runzelt die Stirn. „Shirin geht doch auch zu Weihnachten mit uns in die Kirche!", sagt sie.

„Das stimmt. Und sie darf auch die Maria spielen, wenn sie mag. Genauso wie die anderen Kinder. Ganz egal, wie oft und wann und in welche Kirche sie gehen", erklärt Frau Fernau. „Bei einem Theaterstück, selbst beim Weihnachtsspiel, sollte immer derjenige die Rolle bekommen, der sie am besten spielen kann!"

Die Kinder nicken.

„Ganz davon abgesehen glauben Muslime genauso wie Christen an die besondere Geburt von Jesus." Als sie das sagt, merkt Shirins Mama, dass sie den Kindern davon bisher nie erzählt hat.

Shirin, Jonas und Mara schauen Frau Fernau erstaunt an.

„Aber ich dachte, im Islam ist Muhammed der Prophet und nicht Jesus!" Shirin hat ganz große Augen. Mit einem Schlag ist ihr Schluckauf vergessen.

„Das stimmt ja auch, aber Muhammed ist nicht der einzige Prophet im Koran." Sie schaut Mara und Jonas an und erklärt: „So heißt die Heilige Schrift der Muslime."

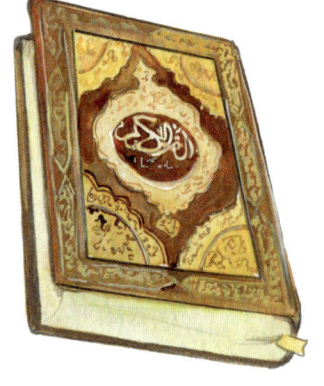

„Was ist denn ein Prophet?" Mara beeilt sich, ihren Roller noch ein Stück dichter an Frau Fernau heranzuschieben, um sie besser hören zu können.

„Propheten sind Menschen aus den Heiligen Schriften, wie der Bibel oder dem Koran, die von Gott einen Auftrag bekommen. Oft sollen sie anderen Menschen helfen oder ihnen etwas Bestimmtes sagen", erklärt Frau Fernau geduldig. „Die Muslime glauben an Propheten. Und es gibt ganz viele davon, wie zum Beispiel Noah, der von Gott den Auftrag bekommt, ein großes Schiff zu bauen, um die Tiere der Erde vor der Sintflut zu retten. Dann gibt es noch Moses und Abraham und viele andere. Muhammed war solch ein Prophet Gottes – und Jesus eben auch. Die Muslime glauben nicht, dass Jesus Gottes Sohn ist, sondern dass er ein Prophet war. Aber alle glauben an das Wunder der Geburt von Jesus. Und Jesus war es besonders wichtig, dass die Menschen versuchen, einander zu verstehen und fair miteinander zu sein. Und darum geht es doch an Weihnachten eigentlich. Schon allein deswegen sollte Shirin die Rolle spielen dürfen."

„Also glauben Muslime doch an Weihnachten!", freut sich Shirin laut. Sie erschrickt ein bisschen, als sie merkt, wie sich ein paar Leute auf der Straße nach ihr umdrehen. Dann aber fährt sie fröhlich fort: „Das werde ich morgen gleich dem dummen Hannes erzählen. Mal sehen, was ihm dazu noch einfällt."

Shirin stellt sich ganz genau vor, wie sie morgen der Klasse gegenübersteht, von Jesus und dem

Koran erzählt, und Hannes dann dumm aus der Wäsche schaut. Am liebsten würde sie sofort auf dem Absatz umkehren, zurück zur Schule laufen und alles in Riesenbuchstaben an die Tafel schreiben – oder direkt auf den Tisch von Hannes.

„Das heißt, dass meine Freundin Mina auch mitsingen kann, ja?", will Mara wissen. „Sie ist aus Afghanistan und sitzt nur still da, wenn wir Weihnachtslieder singen. Sie sagt immer nur: ‚Im Islam gibt es kein Weihnachten.'"

„Ja, natürlich darf sie mitsingen und mitfeiern!", lacht Shirins Mama.

Das ist doch mal eine Neuigkeit! Weihnachten für alle – diese Idee gefällt ihnen.

Mittlerweile ist es noch etwas kälter geworden. Die Kinder haben rote Nasen und fangen an zu frieren.

„Jetzt müssen wir uns aber ein bisschen be-eilen! Die muslimische Weihnachtsgeschichte erzähle ich euch nachher beim Abendbrot. Mara und Jonas dürfen heute Abend bei uns essen." Shirins Mama drängt die Kinder auf ihre Fahrzeuge, damit sie alle schnell nach Hause kommen.

„Sonst stehen wir hier, bis das fünfte Lichtlein brennt. Und was ist dann?"

„Dann haben wir Weihnachten verpennt!", rufen die Kinder im Chor und lachen.

2. Die wunderbare Geburt von Jesus

Es lebte einmal vor langer, langer Zeit in einem Dorf nahe der Wüste ein sehr freundlicher Mann. Sein Name war Zacharias. Zacharias war ein großer Gelehrter und Priester. Er und seine Frau hatten keine Kinder. Die Hoffnung auf ein Kind hatte Zacharias schon fast aufgegeben, als Gott ihm doch einen Sohn schenkte.

Auch seine Schwester musste lange warten, bis sich ihr Kinderwunsch erfüllte. Endlich erwarteten auch sie und ihr Mann ein Kind. Einige Zeit später wurde ein wunderschönes Mädchen geboren, dass sie Mariam nannten.

Doch bald darauf starben die Eltern des Mädchens. Da nahm Zacharias, der Mariams Onkel war, das kleine Mädchen bei sich auf und liebte es, als wäre es seine eigene Tochter.

Mariam hatte eine schöne Kindheit und wuchs zu einer freundlichen jungen Frau heran, die sehr beliebt bei ihren Mitmenschen war.

Manche hielten Mariam für etwas Besonderes, weil sie einer sehr alten Familie entstammte, die schon immer eine besondere Rolle zwischen

Gott und den Menschen gespielt hatte. Andere waren davon überzeugt, dass es Mariams gutes Herz und ihre guten Taten waren, die sie strahlen ließen, als ob über ihrem Kopf ein Licht brannte. Doch alle Dorfbewohner hatten eines gemein: Sie mochten Mariam sehr.

Ihr Onkel Zacharias ließ ihr ein eigenes Zimmer in der Nähe des Tempels bauen, in dem Mariam oft saß, zu Gott betete und lernte, wenn sie gerade keine Arbeit im Tempel zu tun hatte. Damals gab es kaum Bücher und keine Schulen und so hörten die Jüngeren den Alten aufmerksam zu, wenn sie etwas lernen wollten. Zacharias hatte in Mariam eine fleißige Schülerin, die ihm immer gern zuhörte.

Eines Tages ging Mariam an einen entlegenen Ort außerhalb der Stadt, wo sie in aller Ruhe baden und sich waschen konnte. Es war ihr persönliches Geheimversteck, wo niemand sie sah oder störte.

Da erschien ihr ein Engel in der Gestalt eines jungen Mannes. Mariam erschrak sehr und hatte Angst, aber der Engel sprach: „Ich bin ein Bote Gottes, und ich soll dir sagen, dass du einen

Sohn bekommen wirst. Sein Name soll Isa sein, Sohn der Mariam. Manche werden ihn Isa nennen, andere Jesus. Als kleines Kind und als erwachsener Mann wird er zu den Menschen sprechen und Wunder für sie vollbringen."

Mariam aber fragte: „Einen Sohn bekommen? Wie soll das gehen, ohne einen Mann?"

Der Engel sagte: „Gott erschafft, was er will." Dann verschwand er.

Mariam glaubte dem Engel. Was aber würden die Menschen von ihr denken, wenn sie ein Kind bekam, obwohl sie nicht verheiratet war? Weil sie sich darüber Sorgen machte, wanderte sie fort von ihrer Heimatstadt.

Als die Zeit gekommen war, das Kind zur Welt zu bringen, war sie ganz allein. Keiner war da, um ihr zu helfen und ihr beizustehen. Draußen im Freien, unter einer Schatten spendenden Dattelpalme, gebar sie ihren Sohn. Nach der Geburt rief sie mutlos aus: „Ach, wäre ich doch nicht in dieser schwierigen Lage!"

Doch eine Stimme machte ihr Mut: „Sei nicht traurig! Schau nur, Gott hat neben dir einen Bach fließen lassen. Und schüttle nur die Palme, dann fallen reife Datteln für dich herunter. Iss, trink und sei nicht traurig."

Als Mariam gegessen, getrunken und sich ausgeruht hatte, beschloss sie, mit dem Baby zu ihrer Familie zurückzukehren.

Ihre Verwandten aber waren verwundert, als sie Mariam mit einem Kind im Arm daherkommen sahen, und machten ihr Vorwürfe. Sie waren außer sich und sagten: „Mariam, was hast du getan? Wie kannst du uns solche Schande machen und unverheiratet mit einem Kind nach Hause kommen?"

Aber Mariam schwieg.

Die Verwandten redeten weiter auf sie ein. Sie hatten Angst davor, dass die anderen Menschen aus dem Dorf schlecht über sie und ihre Familie reden könnten.

Da fing das Kind auf ihrem Arm plötzlich an zu sprechen. Es sagte: „Lasst meine Mutter in Ruhe! Ich bin Gottes Diener! Gott hat mich zu seinem Gesandten gemacht und mich gesegnet! Frieden liegt auf mir am Tag meiner Geburt, an dem Tag, an dem ich sterbe, und an dem Tag, an dem Gott mich wieder zum Leben erwecken wird!"

Da waren alle leise. Noch niemals hatten sie ein Baby gesehen, das sprechen konnte. Und so merkten alle, dass dieses Baby ein ganz besonderes Gottesgeschenk war.

Die Verwandten nahmen Mariam wieder freundlich auf und störten sich nicht mehr daran, dass sie keinen Mann hatte. Mariam und Jesus lebten von da an glücklich zusammen, und Jesus hatte eine sehr schöne Kindheit.

3. Ist das auch wirklich wahr?

Die Kinder sitzen mucksmäuschenstill da und schauen alle drei wie gebannt Shirins Mama an. Sie warten darauf, dass sie weitererzählt, doch Frau Fernau lacht und sagt: „Die Geschichte ist zu Ende, ihr Mäuse!" Sie nimmt sich eine Scheibe Brot, bestreicht sie mit Butter und legt Goudakäse darauf.

Der Tisch ist schön gedeckt mit Brot, Butter, Käse und Wurst. Dazu hat Frau Fernau noch einen Salat gemacht. Für Mara gibt es klein geschnittene Karotten, weil sie keinen Salat mag. Doch die Geschichte hat die Kinder so in ihren Bann gezogen, dass sie kaum etwas essen.

Mara hat den Kopf auf ihre Arme gestützt und blinzelt benommen in die Runde. Shirin ist so überrascht von dem, was sie gerade gehört hat, dass es ihr schwerfällt, klar zu denken. Nur Jonas freut sich über die Geflügelwurst, die er jetzt in dicken Scheiben auf sein Brot stapelt.

„Mama, das hättest du ruhig mal früher erzählen können", meckert Shirin. „Wenn ich das heute in der Schule schon gewusst hätte …"

„Also gehört Weihnachten doch allen. Das ist gut!", stellt Jonas mit vollen Backen fest. „Und Shirin darf deshalb auch die Maria spielen." Zufrieden grinst er seine Freundin an, was leider kein schöner Anblick ist, weil das halb gekaute Essen sichtbar wird.

Shirin ist noch nicht ganz überzeugt. „Aber warum heißt das Baby Isa?", will sie wissen.

„Das ist bei vielen Namen so, dass sie in einem anderen Land anders ausgesprochen und geschrieben werden. Julia zum Beispiel wird in Spanien Chulia ausgesprochen, es ist aber trotzdem der gleiche Name. Und Jesus wird in arabischen Ländern Isa genannt. Deshalb heißt Jesus im Koran eben Isa."

„Okay, okay." Shirin ist ganz ungeduldig. „Und was ist mit Josef – wo ist der denn geblieben?"

„Die Weihnachtsgeschichte im Koran hat keinen Josef." Frau Fernau zuckt mit den Schultern.

„Das heißt also, das Jesusbaby hatte auch keinen Papa, der bei ihm wohnte?" Mara gähnt und reibt sich die Augen.

Frau Fernau nickt. „So gesehen nicht", sagt sie nachdenklich.

„Und das Jesuskind hat dann nur mit seiner Mama zusammengelebt, so wie ich mit dir?", fragt Shirin noch mal mit ganz großen Augen.

Frau Fernau lacht, steht auf und küsst ihre Tochter auf den Scheitel. „Na, ob die so glücklich waren wie wir, weiß ich natürlich nicht." Sie zwinkert Shirin zu und läuft in die Küche.

Shirin und Mara haben beide ein dickes Grinsen im Gesicht.

Was für eine tolle Geschichte!

„Ich erzähl das morgen gleich der Mina", sagt Mara. „Vielleicht darf sie dann auch ein bisschen mitfeiern. Mina mag die Kerzen so gern …"

„Und ich verkünde das morgen der ganzen Schule! Am besten schleich ich ins Zimmer der Rektorin und erzähl die Geschichte über die Lautsprecher", stellt Shirin sich vor und lacht.

„Und ich lenke die Rektorin ab, indem ich Purzelbäume schlage", ergänzt Jonas. Jetzt brüllen alle drei Kinder vor Lachen.

Da klingelt das Telefon. „Ja, ich schicke sie runter", hören sie Frau Fernau sagen. „Mara, Jonas, ihr sollt heimkommen. Eure Mama hat angerufen", gibt sie den Kindern Bescheid.

Die beiden müssen nur mit dem Fahrstuhl in den zweiten Stock fahren. Mara und Jonas sind so mit ihren Gedanken beschäftigt, dass sie sogar vergessen, sich zu beschweren, weil sie noch nicht nach Hause wollen. Wie ferngesteuert stehen sie auf, tragen ihre Teller in die Küche und packen ihre Sachen.

„Tschüss!", ruft Mara über ihre Schulter.

„Bis morgen, Shirin", verabschiedet sich auch Jonas und zieht die Fahrstuhltür hinter sich zu.

Shirin bringen die Ereignisse des Tages zum
Grübeln. Gedankenverloren macht sie sich fürs
Bett fertig: Sie sucht die Sachen zusammen, die
sie für den nächsten Tag braucht, zieht sich um,
putzt sich die Zähne und kriecht unter die Bett-
decke. „Aber, Mama, was ist, wenn die mir in der
Schule nicht glauben?", will sie noch wissen und
gähnt.

„Was denn, mein Schatz?" Frau Fernau sitzt auf der Bettkante und streicht ihrer Tochter sanft über den Kopf.

„Na, das mit Jesus und Maria bei den Muslimen! Alle denken bestimmt, dass ich mir das nur aus-

gedacht habe, um doch noch die Rolle der Maria zu bekommen." Shirin will nicht als Lügnerin dastehen.

„Du hast dir das aber nicht ausgedacht. Das steht im Koran – und was in einem Buch steht, das kann man nachlesen", beruhigt Frau Fernau ihre Tochter.

„Aber warum weiß das denn dann keiner?"

Shirin wundert sich, dass etwas so Wichtiges so unbekannt ist. Am liebsten würde sie den Himmel mit dieser Geschichte beschreiben, sodass alle Menschen auf der ganzen Welt sie sehen können.

„Da hast du recht. Und wenn du magst, kann ich heute Abend noch die Stelle im Koran raussuchen und ihn dir morgen mitgeben. Lesen kannst du ja selbst." Frau Fernau knufft Shirin zärtlich in die Seite.

„Das ist eine gute Idee, Mama", sagt Shirin leise, bevor sie sich auf die Seite rollt und zufrieden einschläft.

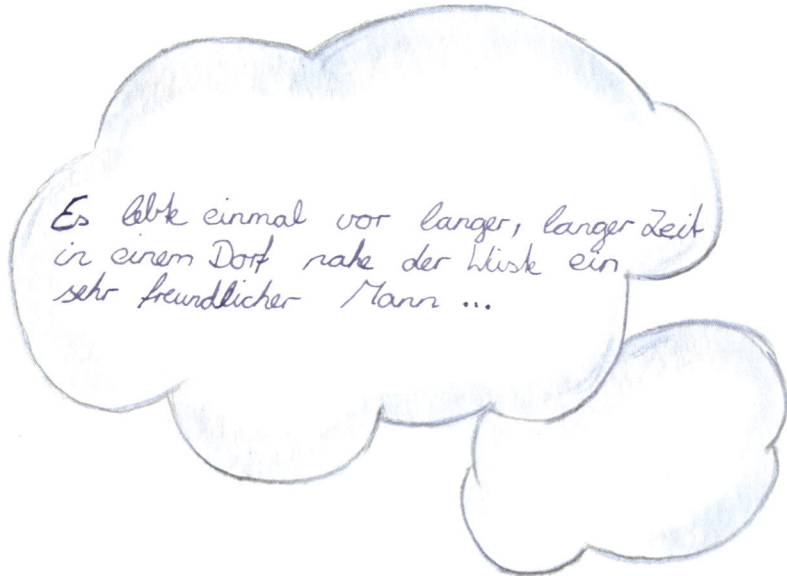

Es lebte einmal vor langer, langer Zeit in einem Dorf nahe der Wüste ein sehr freundlicher Mann ...